3 1994 01378 2435

SANTA ANA PUBLIC LIBRARY

D0116750

LAS MATEMÁTICAS EN NUESTRO MUNDO

¿A QUÉ DISTANCIA? VAMOS A
COMPARAR
VIAJES

J SP 530.8 MAR
Marrewa, Jennifer
A que distancia? vamos a
   comparar viajes

                    $19.93
CENTRAL   31994013782435

Por Jennifer Marrewa

Consultora de lectura: Susan Nations, M.Ed.,
autora/consultora de alfabetización/consultora de desarrollo de la lectura
Consultora de matemáticas: Rhea Stewart, M.A.,
especialista en recursos curriculares de matemáticas

WEEKLY READER®
PUBLISHING

Please visit our web site at **www.garethstevens.com**
For a free color catalog describing our list of high-quality books,
call 1-800-542-2595 (USA) or 1-800-387-3178 (Canada). Our fax: 1-877-542-2596

Library of Congress Cataloging-in-Publication Data available upon request from publisher.

ISBN-13: 978-0-8368-9024-2 (lib. bdg.)
ISBN-10: 0-8368-9024-8 (lib. bdg.)
ISBN-13: 978-0-8368-9033-4 (softcover)
ISBN-10: 0-8368-9033-7 (softcover)

This edition first published in 2008 by
Weekly Reader® Books
An Imprint of Gareth Stevens Publishing
1 Reader's Digest Road
Pleasantville, NY 10570-7000 USA

Copyright © 2008 by Gareth Stevens, Inc.

Senior Editor: Brian Fitzgerald
Creative Director: Lisa Donovan
Graphic Designer: Alexandria Davis

Spanish edition produced by A+ Media, Inc.
Editorial Director: Julio Abreu
Chief Translator: Luis Albores
Production Designer: Phillip Gill

Photo credits: cover, title page, p. 16 © David Young-Wolff/PhotoEdit; pp. 6, 8, 13 © Royalty-Free/Corbis; pp. 7, 11 Photos.com; p. 9 © David Muench/Corbis; p. 17 Hiroyuki Matsumoto/ Photographer's Choice/Getty Images; p. 18 © Richard Cummins/Corbis; p. 19 The name and image of the ELISSA are registered trademarks of Galveston Historical Foundation. All rights reserved; p. 21 © Bill Ingalls/CNP/Corbis; p. 23 © Steve Chenn/Corbis.

All rights reserved. No part of this book may be reproduced, stored in a retrieval system, or transmitted in any form or by any means, electronic, mechanical, photocopying, recording, or otherwise, without the prior written permission of the copyright holder.

Printed in the United States

1 2 3 4 5 6 7 8 9 10 09 08 07

CONTENIDO

Las palabras que aparecen en el glosario están impresas
en **negritas** la primera vez que se usan en el texto.

Capítulo 1:

¿Adónde irá María?

La familia de María planea un viaje.
Buscan lugares que visitar. Buscan cosas
que hacer. A María le gusta viajar. Conoce
a nueva gente. Aprende cosas nuevas.

María vive en Los Angeles, California.
Quiere visitar un zoológico. Quiere ir
a un museo. A su familia también le
gustan esos lugares. Miran un mapa
para planear su viaje.

La mamá de María **compara** las **distancias** hacia esos dos lugares. El zoológico está en San Diego. San Diego está a 116 millas de su casa. El museo está en Santa Barbara. Santa Barbara está a 105 millas de su casa.

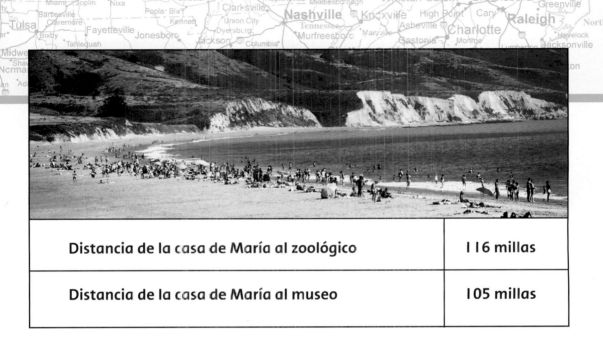

Distancia de la casa de María al zoológico	116 millas
Distancia de la casa de María al museo	105 millas

La distancia de la casa de María al zoológico **es mayor que** la distancia de su casa al museo. 116 es mayor que 105. La familia de María piensa en otros lugares que podrían visitar cerca del zoológico. También piensan en otros lugares cerca del museo.

Si su familia va al zoológico, visitarán San Diego. Visitarán Old Town. También irán a la bahía de San Diego. María quiere buscar conchas en la playa de la bahía.

Si su familia visita el museo, irán a Santa Barbara.
Visitarán una cueva pintada en un parque estatal. Los
indios chumash hicieron los dibujos ahí. Algunos de
estos dibujos tienen cientos de años. También pasarán
un día en la playa. A María le gusta nadar.

Capítulo 2:

¡Camino a San Diego!

La familia de María tiene que escoger una ciudad que visitar. La familia de María planea ir a San Diego. Su primera parada es el zoológico. El Zoológico de San Diego es uno de los zoológicos más grandes del mundo. Más de cuatro millones de personas visitan el zoológico cada año.

El zoológico está en un parque. Hay muchos
tipos de animales. Los que más le gustan a
María son los monos. Ve uno que se tapa la
cara. Su hermano saluda al mono. El mono no
responde. Está listo para tomar una siesta.

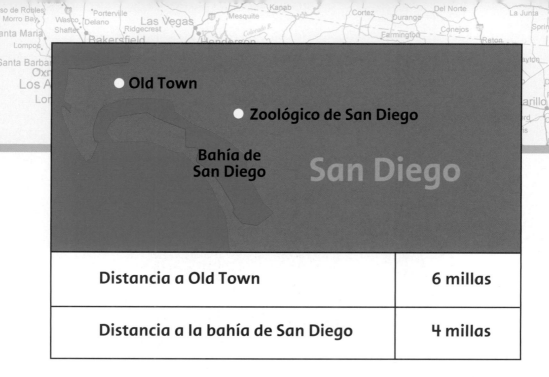

Distancia a Old Town	6 millas
Distancia a la bahía de San Diego	4 millas

La familia de María decide adónde ir después. Podrían ver Old Town. Ahí hay un parque. Podrían ir a la bahía. A veces la llaman la Gran Bahía. Old Town está a 6 millas de ellos. La bahía está a 4 millas. La familia de María decide visitar la bahía.

María compra una tarjeta postal. Se la envía a su primo Juan. Le cuenta de los lugares que visitaron. Le cuenta que lo que más le gustó fue la bahía. "¡Nos vemos pronto!", escribe.

13

Capítulo 3:
¿Adónde irá Juan?

La familia de Juan planea un viaje.
Buscan lugares que visitar. Buscan cosas
que hacer. Igual que a su prima María, a
Juan le gusta viajar.

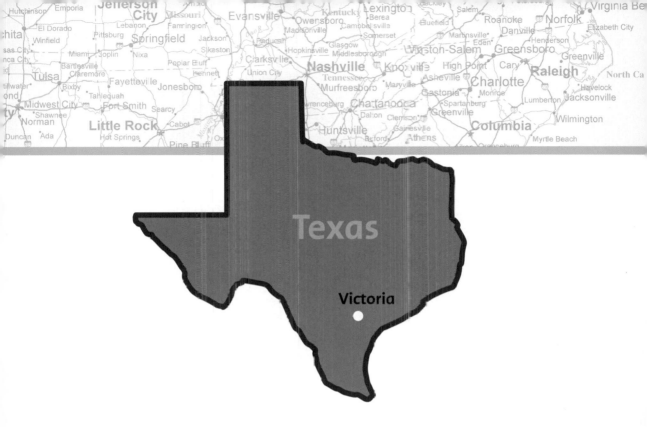

Juan vive en Victoria, Texas. Quiere ver el centro espacial. Juan quiere explorar el espacio cuando sea mayor. También quiere visitar un acuario. A la familia de Juan también le gustan esos lugares.

El papá de Juan compara las distancias a los dos lugares. El Centro Espacial Johnson está en Houston. Houston está a 129 millas de su casa. El acuario está en Galveston. Galveston está a 169 millas de su casa.

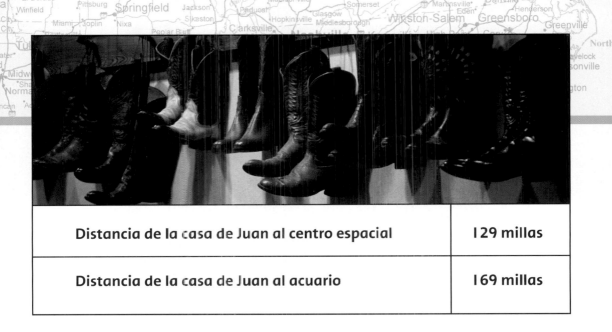

Distancia de la casa de Juan al centro espacial	**129 millas**
Distancia de la casa de Juan al acuario	**169 millas**

Desde la casa de Juan, la distancia al centro espacial **es menor que** la distancia al acuario. 129 es menor que 169. El centro espacial está más cerca de la casa de Juan.

Si la familia de Juan va al centro espacial, visitarán Houston. También irán al Museo de Ciencias Naturales. También pasarán un rato en un lago. Juan quiere pasear en bote ahí.

Si su familia visita el acuario, irán a Galveston.
Irán al Museo Marítimo de Texas. Tambien pasarán
un rato en la playa.

Capítulo 4:
¡A Houston!

La familia de Juan planea ir a Houston. Primero se detienen en el Centro Espacial Johnson. Juan está entusiasmado de ver el centro. El centro entrena a exploradores espaciales.

20

La familia de Juan ve un transbordador espacial. Se entera de que hay un campamento espacial. Lo que más le gusta a Juan es el Centro de Control de Misión.

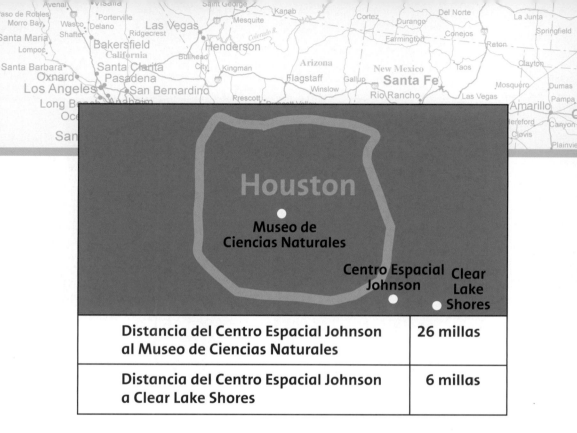

Distancia del Centro Espacial Johnson al Museo de Ciencias Naturales	26 millas
Distancia del Centro Espacial Johnson a Clear Lake Shores	6 millas

La familia de Juan decide adónde ir después. Podrían visitar el museo o ir al lago. El museo está a 26 millas del centro espacial. El lago está a 6 millas. El lago está más cerca, pero está lloviendo. La familia de Juan decide visitar el museo.

Juan compra una tarjeta postal. Se la envía
a su prima María. Le cuenta de los lugares que
visitaron. Le cuenta sobre el centro espacial.
"Ojalá estuvieras aquí", escribe.

Glosario

comparar: encontrar maneras en que dos o más cosas son parecidas o diferentes

distancia: la longitud de espacio entre dos puntos

es mayor que: una cantidad más que otra. 116 es mayor que 105.

es menor que: una cantidad menos que otra

Nota acerca de la autora

Jennifer Marrewa es una ex maestra de primaria que escribe libros para niños, poesía, no ficción, y materiales educativos suplementarios. Vive en California con su esposo y dos niños.